Generis

PUBLISHING

'NOTRE'

L'Adjectif Possessif & La Bible

Par Sylvanus Mulowayi

01/04/2020

CIP a Camerei Naţionale a Cărţii

Mulowayi, Sylvanus.

'Notre' : L'Adjectif Possessif & La Bible / Sylvanus Mulowayi. – Chişinău : Generis Publishing, 2020 (Print on demand). – 59 p.

ISBN 978-9975-3429-4-0.

316.356.2+2

M 94

Cover Image: www.pixabay.com
Online orders: www.generis-publishing.com
Orders by email: info@generis-publishing.com

INTRODUCTION

Dieu est « *Notre* » Père et non seulement « *Mon* » Père… Tout simplement car il nous appartient tous, sans distinction de race, de sexe, de peuple et d'origine. En lui il n'y pas d'acception, comme il est écrit :

« Alors Pierre, ouvrant la bouche, dit: En vérité, je reconnais que Dieu ne fait point acception de personnes, mais qu'en toute nation celui qui le craint et qui pratique la justice lui est agréable. » Actes 10 :34-35.

Nous venons tous de lui et retourneront vers lui un jour, chacun en son temps. On peut dire « *Ma femme* » ou « *Mon mari* » car il y a des personnes, des choses et des missions qui ne se partagent pas par respect aux lois des hommes et à celles de Dieu. Mais la même épouse unique à mon père et « *Notre* » mère, « *Notre* » nourrice et « *Notre* » protectrice, en famille.

Nous nous la partageons volontiers avec joie sans dispute, ni concurrence. Elle nous porte tous dans son cœur sans aucune partialité et sans préférence de la même manière qu'elle nous a étayés en son sein tour à tour pendant neuf mois.

Le cœur d'une mère est le centre d'affection, d'estime et d'attachement de « *notre* » petite famille et c'est bien autour d'elle que la vie s'épanouit dans le foyer.

La filiation, la paternité, la maternité et la fraternité sont les relations fondamentales qui constituent les piliers de base d'une famille qui se veut paisible et prospère.

La première est de direction verticale mais de sens de bas vers le haut. Les deux suivantes sont verticales et de haut vers le bas et la dernière est dans la direction horizontale avec réflexion simultanée et spontanée.

« *Notre* » Dieu et « *Notre* » Père Céleste nous veut en famille, nous soutenant les uns les autres car le foyer demeure la base de toutes les bénédictions faites aux hommes en Abraham.

Nous ne pouvons pas vivre seuls. Il y aura toujours, d'une manière ou d'une autre d'autres personnes autour de nous.

Etre enfant de Dieu c'est pleurer avec ceux qui pleurent et se réjouir avec ceux qui se réjouissent car aucune famille, aucune société, aucune nation ne peut vivre en harmonie sans que les membres qui la constituent n'acceptent de s'absoudre réciproquement…

Oui, pardonner coûte plus cher que donner et oublier vaut plus cher que pardonner pour une réconciliation sincère afin de percer dans la véritable restauration avec le Seigneur.

La famille n'est pas un restaurant ou une salle de cinéma. Ce n'est pas non plus un marché. C'est plutôt « *Notre* » nid, «*Notre* » toit, « *Notre* » foyer et « *Notre* » logis commun.

Chez-nous en Afrique, nous mangeons ensemble, nous jouons ensemble et nous dormons aussi ensemble.

Il n'y a pas d'assiette personnelle, pas de lit individuel et même plus pas de drap singulier. Tout est collectif, global et commun entre nous.

Cette unité et cette harmonie familiale s'étend dans la parcelle commune et attend le quartier, la commune et toute la ville. Plus loin, elle touche et affecte toute une nation, toute une région continentale et même toute l'humanité.

On ne peut pas respecter son instituteur, si on n'a pas d'égard pour ses propres parents et ses frères et sœurs en famille.

Une femme ne peut avoir de la réserve pour un mari d'autrui si elle n'en a pas pour son propre époux dans son foyer. La dignité collective commence comme une semence plantée dans une bonne terre dans le cœur de chacun de nous.

Au fait, nous récoltons sur la spirale de notre vie que nous avons semée la saison avant. Une famille divisée contre elle-même ne pourra avoir une réussite commune car ceux qui auront des moyens de substance s'attacheront entre eux pour rejeter ceux qui en manquent.

Le matin dans la chambres des garçons, c'est bien celui qui se lève le dernier qui arrangera le lit. Et à table, c'est celui qui sera le dernier à quitter la salle-manger qui va accommoder la martingale. Et dans la salle de bain, celui qui la retrouvera sale, devra la laver avant de se plaindre.

La famille biologique est un seul corps et nous sommes les membres de cette communauté restreinte.

Dans nos villages, la tribu et le rapprochement des tribus nous amènent dans le clan où les mœurs et coutumes sont communes et similaires.

De fois le mariage qui se fait en dehors de la famille restreinte est lié à la juxtaposition et à la proximité au sein de la tribu et du clan.

Quand l'officier de la police vous entend sur procès-verbal, il pose des questions spécifiques liées à la famille et à la tribu. Et le tout remonte à la famille restreinte qui pourra même vous venir en caution au besoin.

Il y a de la force dans l'unité, au sein de laquelle le fort soutient le faible et la sage tient à la main l'intelligent, le zélé et le téméraire.

Les pays développés ont compris la nécessité de l'unité et de la conformité et ont créé les Etats Unis d'Amérique et l'Union Européenne.

Et dans la zone commune, il y a bien des facilités et des commodités propres aux pays membres appelés à vivre ensemble.

De même dans les villages, le jour du deuil par exemple. Ce n'est plus l'affaire d'une seulement famille, mais celle de tout le village.

Celui qui joue bien au tam-tam, vient pour agrémenter la soirée. La maman qui fait de la boisson traditionnelle apporte sa calebasse autour du feu. Celui qui a fait une bonne journée de pêche ou de chasse amène partiellement sa proie au lieu du deuil. Et le deuil devient ainsi une affaire de tous. Ce n'est plus mon deuil mais « *notre* » deuil !

Dans le sport, vous vous rendrez compte que le football suscite l'engouement de plusieurs à cause de son caractère collectif par ville, par province et même au niveau national et international.

Il y a une force que je ne saurais vous expliquer par les mots à l'encre de ma plume, mais il suffit de faire attention à ceux qui ont osé s'unir pour voir comment les choses roulent comme sur des roulettes !

L'Auteur

I

LE MARIAGE

Le mariage est une union de deux personnes reconnue de façon officielle par la loi ou les règles en vigueur localement, dans le but de vivre ensemble jusqu'à la mort d'un des conjoints, en couple.

Et à cet effet, il y a bien de choses à mentionner, surtout avec cette génération qui croit bien donner des leçons à Dieu avec l'acceptation de l'homosexualité et le soutien à la pédophilie par certaines grandes puissances qui n'engagent que leurs initiateurs et défenseurs.

Une fois de plus, ma plume n'est pas une chicotte mais juste un avertissement. C'est le cri de la sentinelle qui dort sur un vieux morceau de pagne de sa femme devant un magasin rempli de matelas.

Oui, la nuit est faite pour s'enivrer et dormir pour les uns qui se regroupent en jouisseurs et en épicuriens et un moment pour veiller pour les sentinelles et les guetteurs pour les autres.

Il y a des choses qui ne se font que de nuit. Mais dans notre génération, il y a de fois des dérèglements des mœurs que nul ne saurait expliquer ni justifier.

En tant qu'aumônier, je ne peux que jouer le rôle d'une sentinelle avisée pour avertir ceux-là qui dorment tranquillement dans leurs maisons qu'il y a un complot qui se prépare pour les surprendre incessamment.

Le mariage selon la Bible ne peut se faire qu'entre un homme et une femme pour avoir des enfants et former une famille complète, unité de base de la société.

C'est la première institution instaurée par Dieu lui-même depuis le ciel. L'homme et la femme furent bénis par Dieu pour se multiplier et remplir la terre depuis le ciel.

9

Nulle part dans la Bible deux personnes de même sexe se sont mariées devant Dieu. Même les bêtes sauvages et les démons n'ont jamais fait pareille chose à la lumière de la Parole de Dieu. Le sexe est sacré et nous devons agir et réagir conséquemment.

Tout nous est permis, mais tout n'est pas utile. Que le silence et la grâce de Dieu ainsi que sa patience ne puissent nous laisser croire que cette vie tourne comme une vis sans fin. Bien au contraire le ciel et la terre passeront un jour, mais la Parole de Dieu demeurera à jamais.

Un homme comme Job avait beaucoup de richesses mais il opta de demeurer monogame. Il faisait des sacrifices pour la sanctification de ses enfants devant Dieu. Il est pour nous l'exemple d'un bon père de famille car le précepte vient d'en haut. Il fit de son Dieu, le Dieu de toute sa famille.

Noé en son temps chercha à tout prix à protéger sa famille et ses belles-filles en les amenant avec lui dans l'Arche qui porte jusqu'à ce jour son nom propre.

Ce fut un mari, un père et beau-père responsable en ces temps difficiles où ses contemporains ne croyaient pas en son message annonçant la destruction du monde d'alors par les pluies diluviennes.

La majorité ne peut pas changer le dessein de Dieu en dehors des Saintes Ecritures qui sont pour nous une lampe à nos pieds. Ils étaient globalement en erreur car Dieu était ce jour-là du côté de cette petite famille qui resta fidèle et obéissante à lui.

Je l'ai toujours dit et je le dis encore que Dieu se nourrit de « *notre* » foi et non de « *notre* » connaissance ni de « *notre* » opinion.

Il y avait du temps de Noé plus de moqueurs que de fidèles au message d'avertissement sur le déluge qui les surprit tous comme un voleur et ils furent ainsi engloutis dans les eaux profondes et nul d'entre eux n'y échappa.

« *Notre* » Dieu est le Consommateur de « *notre* » foi !

En ce jour-là les animaux et le bétail entrèrent dans l'Arche de Noé sur instruction de Celui qui a le premier et le dernier mot.

Le point de départ est le mariage qui nous donne une famille digne de ce nom devant Dieu qui bénit jusqu'à la millième génération.

« *Notre* » Dieu nous offre des bénédictions jusqu'à la millième génération contre « *notre* » obéissance et « *notre* » fidélité à sa Parole et nous punit par des malédictions jusqu'à la quatrième génération à cause de « *notre* » désobéissance et de « *notre* » infidélité au sein de la famille.

Mais la plupart de nos prêcheurs nous parlent plus des malédictions que des bénédictions. Ils nous parlent plus des démons que des anges. Il y a plus de terreur que d'assurance en Dieu.

En ces moments difficiles et escarpés, nous devons présenter « *notre* » foi devant « *notre* » Dieu afin qu'il nous tire de ce confinement universel dans lequel « *notre* » connaissance et « *notre* » opinion ne peuvent en rien nous secourir.

Seul « *notre* » Père va nous écarter de ce virus dévastateur. Et il le fera assurément car rien ne lui est impossible !

Et nombreux sont des croyants qui remplissent les bancs de nos églises à cause de la terreur qui accompagne les sermons des prédicateurs.

Nous ne venons pas pour vous faire paniquer mais pour juste vous apporter la nourriture convenable, expédiente et favorable en ces temps de la fin, afin de ramener par la sagesse un plus grand nombre au Seigneur.

Un faut un premier pas pour faire dix mille kilomètres. Et le tout premier pas pour avoir une famille, c'est le mariage selon les termes et conditions que «*notre* » Père et « *notre* » Créateur a fixés en la matière.

On ne se marie pas pour faire souffrir ou maltraiter l'autre en lui exprimant des mots flatteurs, alors que sa place n'est pas le cœur du bon parleur ou de la bonne commère.

Adam parti du jardin avec sa femme qu'il garda jusqu'à la fin de ses jours. Il est le géniteur de tous ceux qui sont nés de la femme.

Malgré l'interférence de Caïn sur le son jeune-frère Abel, la petite famille a continué son parcours petit à petit afin de remplir la terre tel que c'est ce cas aujourd'hui.

Et si Adam revenait parmi nous aujourd'hui, il se croirait sur une autre planète !

Il en sera ainsi pour « *notre* » récompense éternelle contre ce petit temps d'obéissance et de fidélité envers sa Parole.

Tout commence par le mariage qui honore les hommes et Dieu car nous ne vivons pas pour nous-mêmes simplement. Les autres nous observent d'une part et Dieu attend de nous l'obéissance, la discipline et la fidélité à sa Parole.

Quand l'on traverse la frontière entre la République Démocratique du Congo pour se rendre en Zambie en voiture, cela se fait diagonalement car on roule à droite avant d'atteindre la barrière pour continuer son parcours en roulant à gauche.

La vie est un don de Dieu et non un mérite personnel ou familial.

 En retour, nous devrions nous comporter conformément aux Saintes Ecritures pour bénéficier des bénédictions y afférentes.

La réussite d'une famille est fonction du mariage duquel elle découle. Car on ne se marie pas pour un plaisir éphémère mais bien pour toute sa vie à l'honneur des hommes et de Dieu.

Est-ce ton mariage est digne de respect devant les hommes et devant « *notre* » Dieu ?

Question personnelle…

L'appel à la foi en Jésus et au port des fruits dignes de « *notre* » conversion n'est pas une menace, une fulmination ou une admonestation. Bien au contraire, c'est juste un avertissement pour éviter que le pire qui est au bout du parcours ne nous atteigne.

Un faux départ annule toute la course en athlétisme. On peut reprendre ce fameux lancement plus d'une fois juste afin que le résultat final soit acceptable de tous. Car la loi de la destinée est aussi liée d'une manière ou d'une autre à celle des origines.

Nous venons de « *notre* » Dieu et nous y retournerons, car il s'agit bien de la loi du cavalier et du cheval qui est pareille à celle de l'aiguille et du fil. C'est le principe de la dépendance et de la causalité qui nous relie à « *notre* » Créateur, comme étant « *notre* » source et « *notre* » destination finale.

C'est le même principe qui relie les deux conjoints entre eux et plus tard les enfants à leurs parents. Nos droits ont des limites et nous avons aussi des devoirs envers les autres. Ce sont les bêtes qui vivent par instinct. Mais au bout de la vague, « *notre* » Dieu nous y attend patiemment, non plus sur le trône de la grâce mais sur celui du jugement dernier. En ce jour-là grand et redoutable, chacun de nous sera seul devant « *notre* » Créateur.

Même devant son employeur, il y a un contrat de travail signé après lecture minutieuse et à respecter scrupuleusement pour garder son poste aussi longtemps que possible. Les règles sont faites pour nous rapprocher de la perfection.

Et pour mieux vivre en paix, nous sommes tous appelés à respecter les règles régissant la société dans laquelle nous vivons pour être en paix entre nous.

Aucune rébellion n'a jamais réussi, à moins qu'elle soit une réforme constructive. Les abus que nous voyons dans cette génération perverse et libertine aux mœurs immorales et dissolues nous rapprochent jour après jour vers un vestige sans précédent !

Et ne pas nous en rendre compte aujourd'hui serait une erreur grave, tragique et dramatique à la fois.

Réajustons « *notre* » mariage avant de parler de « *notre* » famille, « *notre* » société et « *notre* » nation.

'NOTRE' FRERE

« Alors Juda dit à ses frères : que gagnerons-nous à tuer « notre » frère et à cacher son sang ? » Genèse 37 :26.

Un sur dix nous retourne à la notion de la dîme qui est la base du secret de bénédiction financière avec le Seigneur Jésus. Et ce jour-là Juda, l'un des dix grands-frères à Joseph lui sauva la vie en les convainquant qu'il était leur frère. Il leur dit ce jour-là, avec larmes aux yeux : « *… Que gagnerons-nous à tuer « notre » frère… »*

Et moi, je vous le dis, avec un cœur blessé que nous devrions conserver « *notre* » planète car c'est la seule chose qui nous appartient collectivement.

La famille de Joseph était polygamique : quatre femmes dont deux libres et deux autres esclaves pour un seul époux. C'est cela qui arrive quant au niveau du mariage, il y a eu des interférences, des interactions et des immixtions.

La plupart des lecteurs savent comment Jacob en est arrivé à la polygamie à quatre non pas volontairement, mais elle lui fut imposée par la loi des temps et des circonstances.

Ce fut une polygamie circonstancielle et non volontaire ni acharnée comme c'est le cas de nos jours où la soif sentimentale l'emporte sur le menu divin en la matière. Et cela bouleversa la vie des enfants dans la suite de temps au sein de son foyer où il y avait de bons jours et de mauvais jours.

Et dans le cas qui nous concerne, il s'agissait bien d'un mauvais jour quand Joseph se rendit sans arrière-pensée ni supputation à la rencontre de ses dix grands-frères dans les champs.

C'est pareil à ce qui se passe de nos jours où les grandes puissances s'allient pour devenir davantage plus forts en arrachant le peu de nourriture qui reste dans la bouche des pauvres et des faibles.

Ils fabriquent des armes destructrices et dévastatrices pour alimenter les rébellions et les guerres dans les pays pauvres.

En ce moment où je vous écris ces mots, nous sommes en confinement universel sur toute la Planète Bleue en guerre contre Coron Virus.

Ce grain de sable fabriqué dans les laboratoires de la méchanceté et de la véhémence de l'homme androïde de ce siècle nous a démontré à suffisance que nous ne sommes en sécurité que dans la présence de « *notre* » Dieu et nulle part ailleurs.

Ledit grain de sable a mis à genoux toutes les grandes montagnes de la terre : Les Etats-Unis, la Chine, la France, l'Italie par plus de peur et d'effroi que par sa force dévastatrice !

Cet homme androïde qui a inventé ce virus et qui le soutient est très fort, très méchant, très herculéen, très féroce et très dévastateur à la fois.

Mais, qu'il sache que c'est « *notre* » Dieu qui a le dernier mot sur le sort de chaque personne humaine.

C'est à peine qu'un pays en voie de développement comme le mien, la République Démocratique du Congo peut s'allier avec les voisins dans la région pour devenir plus fort et plus utile aux autres.

Plus l'homme s'accroche à son opinion et à sa connaissance, plus il se rapproche davantage des bêtes sauvages et demeure ainsi trop loin de « *notre* » Créateur !

La ségrégation, la scission, la démarcation et la loi des frontières et des limites datent de très longtemps. Déjà dans la dispensation de la conscience, Caïn tua son frère Abel malgré l'avertissement de Dieu.

En ces moments où le feu rouge s'est allumé au passage à niveau du monde entier, nous sommes contraints de rester tous à la maison et laisser Corona Virus régner pour un temps avec les clés des églises et des lieux publics en sa poche.

Une chose est certaine, si nous considérons tous cette agression comme la nôtre, nous y arriveront très bientôt. Car il y a des choses que « *notre* » Dieu ne fait que quand nous lui obéissons collectivement !

Et ce jour-là, pour revenir à l'histoire du jeune Joseph, ses dix grands-frères s'associèrent pour le tuer à cause de ses songes.

Même dans la famille monogamique, la discrétion est une arme silencieuse de la sagesse. Caïn tua froidement son jeune-frère dans une famille monogamique.

Le problème ne réside pas dans ce que l'on dit, mais c'est ce qui est caché dans le fond du cœur.

Il y a bien de gens qui pensent le contraire de leur propre confession. Autant garder juste le silence que de dire et promettre ce que l'on ne pourra jamais réaliser !

La foi ne marche mieux qu'avec la justice, l'obéissance et la fidélité.

Aimer, c'est plus se mettre à la place des autres que de rester cloué sur la sienne.

Dieu nous a tant aimés et il nous a donné son fils unique Jésus. Aimer, c'est donner tout ce que l'on a de précieux, dans le strict respect, des lois des hommes et de Dieu.

Joseph était en danger entre les mains de ses propres frères. Et heureusement, pour lui, Juda s'opposa aux neuf autres pour lui sauver la vie. Cela bien entendu dans le but ultime de conserver les valeurs familiales.

Oui, il y a bien de choses que l'on ne peut faire qu'en famille et certaines choses qui ne sont autorisées qu'entre conjoints. C'est cela ce que j'appelle le domaine de définition et les imputations.

La famille est un lieu où l'harmonie, la rime et l'assonance devraient garantir l'épanouissement et l'effloraison des uns et des autres.

La réussite de l'un des membres de la famille est d'office « *notre* » réussite et l'échec de l'un de nous, nécessite « *notre* » participation commune pour redonner à la famille une nouvelle guenille dont le parfum peut aller à dix mille lieux de nous.

La petite intervention de Juda en faveur de Joseph suscita celle de Ruben plus tard et à la fin de la vague, Josep leur dit ceci un jour, après avoir pleuré à chaudes larmes.

« Maintenant, ne vous affligez pas, et ne soyez pas fâchés de m'avoir vendu pour être conduit ici, car c'est pour vous sauver la vie que Dieu m'a envoyé devant vous. » Genèse 45 :5.

Ils étaient issus de quatre mères différentes, mais avaient un seul père, Jacob. C'est en lui qu'ils pouvaient tous se retrouver.

Il en est de même pour nous les êtres humains, nous venons de plusieurs peuples, nations et tribus mais nous avons un et un seul Père, « *notre* » Père qui est aux cieux.

En lui, nous ne sommes pas seuls, il y a des grands et des petits, des forts et des faibles. Nous devrions plus chercher l'unité que de nous diviser inutilement.

Le mariage entre l'homme et la femme pose la première pierre de l'édifice d'une famille, d'une société et même de toute une nation.

La pierre de la première famille universelle prit naissance après l'union entre Adam et Eve ; et après le déluge par Noé, ses trois fils, sa femme et ses trois belles-filles. Et plus tard, les hommes, les femmes et les enfants furent dispersés à la Tour de Babel par Dieu lui-même pour remplir la terre.

Le mariage entre Adam et Eve demeure le premier pas de la race humaine sur cette Planète Bleue.

Et les promesses faites à Abraham sont distributives en Jésus à toutes les familles de la terre. Nous devrions penser aux autres dans « *notre* » foi et dans « *notre* » ministère.

Nous avons cru en Jésus, mais où sont les membres de « *notre* » famille, ceux de « *notre* » société et ceux de « *notre* » nation ?

Parlons-leur de cette Bonne Nouvelle du Royaume de Dieu. Invitons-les à se joindre à dans les réunions en semaine et aux cultes dominicaux.

L'intérêt commun devra passer avant l'intérêt égoïste et l'annuité individuelle.

 Abraham se sépara de Lot pour préserver l'intérêt familial.

Joseph privilégia les intérêts de la famille contre la haine et le mensonge de ses frères plus de quinze ans plus tard alors qu'il était dans une position favorable de mieux se venger.

L'UNITE

Il y a une force quand nous regardons tous dans un seul sens sur la même direction.

Il y a une différence entre la direction et le sens. Une seule direction peut avoir en ligne droite deux sens différents.

Le sens de Jéricho à Jérusalem est une montée alors que celui de Jérusalem à Jéricho est une descente. Et le temps de la descente est différent de celui de la montée.

On peut être dans une même famille ou dans une même église locale est aborder un sujet dans deux sens différents sur la même direction.

Esaü et Jacob étaient des jumeaux mais le premier était foncé et velu alors que le second était plus clair et non poilu.

Les grands-frères de David avaient peur d'aller à la rencontre de Goliath alors que ce petit enfant y était bien préparé.

Dans ma jeunesse je ne mangeais pas les feuilles de manioc alors mes frères me trouvaient bizarre, biscornu et baroque. Curieusement, aujourd'hui, c'est pratiquement mon plat préféré.

Du temps d'Adam et Eve, la Parole de Dieu consistait à ne pas manger du fruit de la connaissance du bien et du mal.

Et du temps de Noé, c'était le message du déluge.

Plus tard ce fut la Tour de Babel.

Après ce fut la promesse avec Abraham.

Moïse vint avec la loi et Jésus vint avec la rédemption éternelle par la foi en lui.

Nous sommes dans la dispensation de la grâce et du Saint-Esprit pour « *notre* » même et unique Dieu qui a été tour à tour avec Adam, Noé, Abraham, Moïse, Jean Baptiste, Jésus, Pierre et Paul.

En tout cela, le facteur commun de « *notre* » salut est la foi, sans laquelle personne ne pourra être agréable à Dieu. Cette foi devra être plus qu'une simple croyance qui va vers la conviction et l'espérance tout en éloignant le doute et l'hésitation ainsi que la perplexité et l'éventualité.

C'est le mystère de la nouvelle naissance qui est plus une conversion, une métamorphose et une altération qu'une simple appartenance à Dieu.

Cela me fait penser à la chenille et au papillon. De même que dans la chenille ne se retrouve plus dans les caractéristiques du papillon, en nous devrions être le nouveau portrait d'enfants de Dieu loin des passions de ce monde après notre conversion.

Si Dieu est « *notre* » Père, nous devrions avoir des traits communs avec lui.

Ceux qui voient mes enfants me disent toujours qu'ils me ressemblent et je le remarque moi-même tout naturellement.

Nous n'avons vraiment pas besoin de test médical pour l'attester.

Nous mangeons avec appétit la chenille et non le papillon. Mais dans le cas de la poule, la consommons ensemble avec l'œuf.

Le pardon et l'entre-aide sont les deux grandes béquilles au sein de la famille. La complémentarité devra barrer la route à la concurrence et à la compétition pour éviter toute division entre les membres d'une même famille.

Ce n'est pas « *ma* » famille mais bien « *notre* » famille !

Ce n'est pas « *mon* » père mais bien « *notre* » père !

Ce n'est pas « *ma* » mère mais bien « *notre* » mère !

Ce n'est pas « *mon* » frère mais bien « *notre* » frère !

Ce n'est pas « *ma* » sœur mais bien « *notre* » sœur !

Ce n'est pas « *mon* » enfant mais bien « *notre* » enfant !

Ce n'est pas « *mon* » voisin mais bien « *notre* » voisin !

Ce n'est pas « *mon* » pays mais bien « *notre* » pays !

Ce n'est pas « *ma* » guerre contre Corona Virus mais bien « *notre* » guerre !

Ce n'est pas « *ma* » victoire mais bien « *notre* » victoire !

L'histoire de l'humanité toute entière est un récit issu du mariage monogamique d'Adam et Eve. Ce fut le point de départ du tout premier germe de la famille sur cette Planète Bleue.

Au commencement, il n'en n'était pas ainsi. Caïn tua ton jeune-frère et cela créa un déséquilibre dans la chaîne de cette famille qui suscita l'esprit du vengeur de sang.

Heureusement, le Réparateur des mèches protégea Caïn de ce fléau et la vie continua sur la terre jusqu'à ce jour, en passant par le déluge, la Tour de Babel ainsi que la destruction de Sodome et Gomorrhe.

Le but de la création est celui de :

- La loi de l'addition,
- La loi de la multiplication ;
- La loi de la domination ainsi que
- La loi de la soumission et de la fidélité à « *notre* » Dieu

Le soir, chaque enfant est appelé à retourner dans sa famille malgré la petite joie épicurienne de la journée.

LE MENSONGE

« C'est pourquoi, renoncez au mensonge, et que chacun de vous parle selon la vérité à son prochain; car nous sommes membres les uns des autres. » Éphésiens 4:25

Le mensonge détruisit la famille d'Isaac. Et la scission en ses deux fils jumeaux Esaü et Jacob dura deux décennies pour retrouver la réconciliation, mais ils ne vécurent plus ensemble.

Et cette semence fit que Jacob fut aussi trompé par son beau-père et oncle maternel sur le mariage de Rachel qui fut de nuit remplacée par Léa. Et cela l'affecta complètement car il n'aimait pas du tout Léa.

Rachel à son tour trompa son propre père sur ses effets personnels qu'elle avait volés le soir de la fuite avec Jacob, sa sœur, les enfants et le bétail. Elle mourut plus tard en accouchant de Benjamin.

Dans la suite du temps, Thamar, belle-fille de Juda, le trompa pour se venger du non-respect de la promesse lui avancée ; qui coucha ainsi avec elle sans le remarquer.

Joseph fut vendu par ses propres frères qui cachèrent la vérité à leur père.

Plus tard, Joseph pleura à chaudes larmes pour réconcilier cette famille des douze tribus d'Israël qui constituent le peuple juif auquel Dieu fit des grandes promesses en Abraham.

Disons-nous la vérité les uns aux autres car nous sommes membres d'un seul corps. Nous venons tous d'un même Dieu, *« notre »* Père Céleste. Nous avons tous les mêmes parents : Adam et Eve.

Mais alors pourquoi ces divisions entre nous ? Pourquoi cette ségrégation entre nous. A qui cela profite-t-il ?

Que le mensonge ne soit retrouvé au milieu de nous car c'est le diable qui en est le père et sa mission est de :

- Voler
- Egorger et
- Détruire.

*« **Que personne ne cherche son propre intérêt, mais que chacun cherche celui d'autrui.** » 1 Corinthiens 10:24.*

C'est la loi d'intérêt qui nous pousse à mentir de fois pour obtenir ce qui ne nous appartient pas.

Comme susmentionné, Jacob mentit Isaac qu'il était Esaü. Et la petite famille fut ainsi divisée pendant deux décennies à cause d'une seule fumisterie.

On ne peut pas mentir sans se servir d'une vérité partielle. La tromperie est une mystification, c'est un mélange du faux et du vrai. Elle a besoin de plusieurs béquilles pour tenir debout, juste pour un temps.

C'est un cheval pâle. Elle a une bonne vitesse mais elle n'a pas une couleur fixe. Sur l'arc en ciel, il n'y pas de couleur pâle.

Quand Eve parlait avec le serpent, elle croyait que ce dernier lui disait la vérité alors que c'était une torsion des Ecritures.

Dieu n'avait jamais interdit de manger de tous les arbres du jardin ! Il était clair dans sa parole. Il avait seulement interdit du fruit de l'arbre de la connaissance du bien et du mal. Et de spéculation en spéculation, Eve ajouta que Dieu avait même interdit de toucher au fruit de l'arbre de la connaissance du bien et du mal. Alors que toucher et manger sont deux verbes tout à fait différents !

Et la suite est bien connue de plusieurs de nos lecteurs, Adam et Eve furent chassés du Jardin d'Eden et le serpent ne fit rien du tout pour eux. C'est bien cela qui se passe quand on écoute le diable. Il vient pour voler nos bénédictions car lui a déjà échoué et veut faire faillir tous les autres.

Cela me fait penser à la femme libre qui avait perdu l'enfant dans une nuit et qui prit celle de son amie. Elle continuait à insister que l'enfant vivant était le sien. Il a fallu un roi sage pour retrouver la vérité. Et ce jour-là Salomon fit une session de travail qui impressionne encore le monde de nos jours.

Le diable avait un intérêt personnel, c'était celui de faire faillir Adam et Eve. Et comme Adam qui lui avait donné le nom le connaissait très bien, il passa ainsi par la femme qui l'ignorait complètement. Et d'ailleurs ce fut leur unique conversation dans le Jardin d'Eden.

Jacob se croyait malin, il chercha son intérêt et plus tard, il se fut trompé par son oncle maternel et beau-père.

La femme libre qui changea l'enfant pendant la nuit tenait à récupérer et à s'accaparer de l'enfant de son amie de longue date. Elle ignorait que la sagesse du roi Salomon mettrait à nue son mensonge inique !

La loi d'intérêt nous divise et nous fragilise. Il faudra la surmonter par un esprit d'équipe où le fort soutient le faible et le riche tend la main au pauvre.

« Vous, au contraire, vous êtes une race élue, un sacerdoce royal, une nation sainte, un peuple acquis, afin que vous annonciez les vertus de celui qui vous a appelés des ténèbres à son admirable lumière, vous qui autrefois n'étiez pas un peuple, et qui maintenant êtes le peuple de Dieu, vous qui n'aviez pas obtenu miséricorde, et qui maintenant avez obtenu miséricorde. » 1 Pierre 2:9-10.

Dieu nous a élus pour un sacerdoce royal dans la sainteté pour annoncer la Bonne Novelle aux autres brebis qui sont encore en dehors de la bergerie pour demeurer dans une enceinte commune car il nous a fait passer des ténèbres à la lumière, de la mort à la vie, de l'esclavage à la liberté.

Nous avons obtenu miséricorde de la part de « *notre* » Dieu et nous devons aussi avoir de la compassion pour les autres. Tout bon enfant doit refléter l'image de ses parents. Et nous avons tous été créés à l'image et à a ressemblance de « *notre* » Dieu pour faire sa volonté et non la nôtre !

Quand le jeune David gagna la guerre contre le géant philistin, le roi Saül lui demande de qui était-il fils. Et c'est la même question que l'officier de policier ou le magistrat pose à toute personne lors d'un procès-verbal. L'origine nous montre le type de personne qui est en face de nous.

Le véritable zèle de l'évangile, c'est la réflexion de Dieu dans « *notre* » comportement de tous les jours. Et nous devrions mériter la compassion de Dieu, par le service que nous lui rendons pour l'avancement du Royaume des cieux, comme il est écrit :

« ***Ils seront à moi, dit l'Éternel des armée. Ils m'appartiendront, au jour que je prépare; J'aurai compassion d'eux, Comme un homme a compassion de son fils qui le sert.*** » Malachie 3:17.

Nous devons servir « *notre* » Dieu avec loyauté et apprendre aux autres pourquoi nous sommes enfants dans la maison du Père.

« *Notre* » unité n'est pas statique. Elle se veut dynamique par le service que nous rendons à « *notre* » Dieu dans l'obéissance et dans la fidélité. Nous ne sommes pas dans une même famille pour croiser les mains, mais plutôt pour retrousser les manches et nous mettre au travail.

Nous appartenons à la famille de ceux qui sont nés de nouveau et qui portent des fruits dignes de leur conversion.

Dans la famille des enfants de « *notre* » Dieu, nous devons éviter le mensonge pour aller plus loin en harmonie.

Car celui qui continue à vivre dans le mensonge, la galéjade et la fumisterie est du diable qui est le père du mensonge. Dans son royaume, c'est l'expression même de la duperie et de la falsification.

II

LA CORRECTION ET L'INSTRUCTION

Comme un bon père, « *notre* » Dieu nous châtie pour « *notre* » correction et « *notre* » instruction.

« *Car le Seigneur châtie celui qu'il aime, Et il frappe de la verge tous ceux qu'il reconnaît pour ses fils.* » Hébreux 12:6.

« *Notre* » filiation porte une écharde de la verge du Seigneur, chaque fois que nous nous éloignons de la bergerie.

Et le châtiment de « *notre* » Dieu dans la vie de tous ceux qu'il reconnaît pour fils passe par la chicotte. Ses jugements sont justes et c'est par fidélité qu'il nous humilie par la verge car il aime le pécheur et déteste le péché.

La nouvelle naissance précède la nouvelle vie en Christ.

Nous sommes appelés à passer du lait à une nourriture solide et non demeurer à jamais dans les mêmes erreurs et faiblesses.

Nos légères afflictions de ce court temps dans cette carcasse ne sont aucunement pas comparables au poids de la gloire éternelle qui nous attend au bout du rouleau. Une grande récompense nous est réservée dans les cieux auprès de « notre » Père que nous avons servi sans l'avoir vu.

Et en ce jour-là, il essuiera toute larme de tout œil et notre joie sera parfaite et sans fin. C'est avec ses paroles que nous nous consolons jour après jour tout le long de notre parcours sur cette terre des hommes.

Tout ce que Dieu fait pour nous, malgré l'apparence et l'évidence, la forme et le fond est la manifestation de son amour de Père, qui concoure à « *notre* » bonheur et à « *notre* » prospérité.

L'initiative vient de lui et de lui seul car tous, nous étions morts et perdus en Adam et Eve dans le jardin d'Eden et il a trouvé bon dans sa miséricorde de nous racheter en son Fils Unique dans le jardin à côté de Golgotha où il fut enseveli dans le sépulcre de Joseph d'Arimathée.

Même Jésus à la croix, il expérimenta l'abandon du Père à cause du péché du monde qu'il portait sur ses épaules et consomma ainsi l'herbe amère de l'accomplissement de la volonté de Dieu pour le salut de toute l'humanité.

Si la branche verte fut châtiée de la main de Dieu lui-même à cause du péché de tous les hommes, à combien plus forte raison, la branche sèche que nous sommes ne le mériterait-elle pas ?

Nous devrions avoir du zèle à nous repentir et à mener une vie de sanctification et de la crainte de Dieu, pour atténuer le châtiment   divin sur nous car « *notre* » Père Céleste est trois fois Saint. Nous sommes appelés à vivre non seulement du pain mais de toute parole qui sort de la bouche de « *notre* » Dieu.

« *Heureux l'homme qui supporte patiemment la tentation; car, après avoir été éprouvé, il recevra la couronne de vie, que le Seigneur a promise à ceux qui l'aiment.* » Jacques 1:12.

« *Notre* » patience et « *notre* » persévérance n'auront pas été vaines. Après avoir été éprouvés, nous recevrons la couronne de vie réservée depuis des temps anciens pour nous.

La réalité de cette vie est bien trompeuse et les paroles de Dieu ne passeront jamais sans avoir accompli les fins pour lesquelles elles ont été prononcées à dessein.

« *Il est vrai que tout châtiment semble d'abord un sujet de tristesse, et non de joie; mais il produit plus tard pour ceux qui ont été ainsi exercés un fruit paisible de justice.* » Hébreux 12:11.

La rigueur est souvent mal interprétée et considérée d'emblée comme un sujet de tristesse et de grisaille loin de toute joie et de toute quiétude. Seulement plus tard, elle produit pour ses victimes d'antan un fruit paisible de justice et de grandeur.

Personnellement, je suis l'un de ceux qui ont étudié dans la rigueur, l'impassibilité, l'autorité et le stoïcisme des missionnaires belges car de notre temps, on nous chicotait à l'école primaire et nous étions soumis à des punitions de discipline et de correction à l'école secondaire.

En ce temps-là, de fois, on croyait que c'était de la servitude et de la traite dont l'assujettissement était unidirectionnelle et sans négociation ni évidement, ni éviscération.

Et aujourd'hui ma plume est bien droite, claire et limpide. Je suis sensible à tout ce qui est droit, loyal et équitable car la chicotte d'antan a produit en moi le fruit de la justice paisible.

Elle m'a instruit pour mon bien et m'a conduit dans la fierté d'avoir réussi là où nombreux ont lamentablement échoué parce qu'ils étaient formés dans un berceau qui s'abstenait de redresser l'arbuste tordu, éclopé et phénoménal.

Aujourd'hui, l'écharde et l'esquille du petit arbuste sont devenues irréparables et funestes et le voilà poussant son porteur à marcher la tête baissée loin de toute perfection et de tout couronnement..

Aujourd'hui c'est un grain de sénevé dans la main d'un bon jardinier qui en prend soin, et demain, c'est un grand arbre qui donne son ombre aux voyageurs et pèlerins et qui abrite dans ses branches les oiseaux du ciel.

Les bijoux en or coûtent très cher parce qu'ils passent par le feu dans le four du bijoutier. Ne soyons pas comme de l'or brut mais éprouvons tout esprit pour ne pas ajouter « *notre* » foi à n'importe quelle doctrine de ce monde ou du diable.

*« **Bien-aimés, n'ajoutez pas foi à tout esprit; mais éprouvez les esprits, pour savoir s'ils sont de Dieu, car plusieurs faux prophètes sont venus dans le monde. Reconnaissez à ceci l'Esprit de Dieu: tout esprit qui confesse Jésus Christ venu en chair est de Dieu; et tout esprit qui ne confesse pas Jésus n'est pas de Dieu, c'est celui de l'antéchrist, dont vous avez appris la venue, et qui maintenant est déjà dans le monde.** »* 1 Jean 4:1-3

Reconnaître l'antéchrist en ce temps de la fin est une seconde épreuve à ajouter au-dessus de la sanctification et de l'obéissance de peur de ne point tomber dans l'erreur de Saul qui croyait servir Dieu alors qu'il le combattait avant de se faire appeler Paul.

Ce n'est pas parce que certaines églises consacrent la pédophilie, le mariage homosexuel, la débauche et l'infidélité que Dieu, « ***notre*** » Père Céleste l'approuve aussi !

Que la famille, les amis et la société ne nous trompent pas car chacun de nous comparaîtra seul devant le Seigneur, « ***notre*** » Dieu. Nous devons examiner toute chose minutieusement pour ne retenir que c'est qui bon de peur de perdre la couronne du salut et de la rédemption éternelle.

*« **Que chacun examine ses propres œuvres, et alors il aura sujet de se glorifier pour lui seul, et non par rapport à autrui;** »* Galates 6:4.

En effet, Dieu est « ***notre*** » Père mais nous comparaîtrons individuellement devant lui au dernier jour. Et la seule manière de contourner ce jugement est celle d'examiner nos propres œuvres et celles des autres.

Nous devrions apprendre à nous glorifier par rapport à nous-mêmes et non par rapport aux autres.

Abraham fut éprouvé par Dieu et montra qu'il avait confiance en son Créateur !

Chaque fois qu'Israël désobéissait Dieu, il le vendait à ses ennemis, pour le châtier et pour le corriger. Et la sanction devra être positive et négative.

Cette pandémie est en quelque sorte un châtiment de Dieu envers le débordement de nos contemporains et la seule solution réside dans le repentir sincère et le port des fruits dignes de notre conversion.

III

LE BAPTEME DE FEU

Le baptême d'eau est venu avec Jean Baptiste alors que celui du Saint-Esprit et du feu est venu avec Jésus. Le four est l'endroit par excellence par lequel passe l'or pour avoir plus de valeur.

Le feu est un tunnel d'ascension et de percée pour les enfants de Dieu, et un lieu de jugement pour les impies, les incorrigibles et les athées après avoir rejeté cette Bonne Nouvelle du salut de tous les hommes.

« *Car le feu de ma colère s'est allumé, il brûlera jusqu'au fond du séjour des morts ; il dévorera la terre et ses produits, il embrasera les fondements des montagnes.* » Deutéronome 32 :22.

La grâce de Dieu et sa miséricorde ainsi que sa patience ne sont pas pour toujours sur les pécheurs. Il a châtié à plusieurs reprises les enfants d'Israël, jusqu'à ce que leurs ennemis crûrent avoir eu une main puissance sur eux alors que ce fut le feu de la colère de Dieu qui s'était allumé et qui brûlait jusqu'à la ricine des montagnes et du séjour des morts.

Notre Dieu renverse par la fondation en se dirigeant vers le sommet sans recul et sans pitié. Ce n'est vraiment pas un bon moment pour tomber vivant entre les mains de Dieu. En ce moment-là, la porte de la grâce et de la patience ainsi que celle de compassion est hermétiquement fermée en laissant derrière elle les pleurs et les grincements des dents. C'est un jour de deuil et de lamentation et personne d'autre ne pourra délivrer les victimes de la main puissante de Dieu.

Et pendant cette période de la visite inique de Corona Virus, la terre toute entière se retrouve en confinement et aux aguets.

Tout est fermé, l'on ne sait pas encre pour combien de temps !

Il est une chose passable d'avoir un problème avec son prochain, les démons ou de diable car Dieu pourra intervenir en faveur de la pauvre proie.

Quand on a affaire à Dieu, nul ne peut vous délivrer de sa propre main en dehors de lui-même.

« Car voici, l'Eternel arrive dans un feu, et ses chars sont comme un tourbillon ; il convertit sa colère en un brasier, et ses menaces en flammes de feu.

C'est par le feu que l'Eternel exerce ses jugements, c'est son glaive qu'il châtie toute chair, et ceux que tuera l'Eternel seront en grand nombre. » Esaïe 66 :15-16.

La colère de Dieu est un brasier et ses menaces sont comme des flammes de feu. C'est son arme éternelle. C'est avec le feu que Dieu condamnera les rebelles à la seconde mort.

Et pendant que nous vivons, il exerce ses jugements sur les impies pour les ramener à sa voie avant qu'il ne soit trop tard et que le point de non-retour ne soit dépassé !

Jean Baptiste avait baptisé d'eau pour la repentance et la foi en celui qui devait venir après lui. Et Jésus baptisa du Saint-Esprit et de feu pour amasser le bon blé pour le grenier et brûler la paille au feu. **Mathieu 3 :11-12**.

Cela fait plus de deux mille ans que le Nom de Jésus est en train de nous rassembler comme du bon blé pour nous mettre dans le grenier des enfants de Dieu en son sein en nous cachant dans les lieux célestes. Mais les impies et les pécheurs seront brûlés comme de la paille à la fin des temps.

C'est le moment de dire « non » au diable et aux passions de ce monde pour suivre le chemin du salut et avoir la vie éternelle. Car au dernier jour ça sera trop tard et nombreux se retrouveront dans l'étang de la colère de Dieu.

Et l'annonce de cette Bonne Nouvelle est le dernier signe de la fin des temps. Les hommes travaillent et dépensent des moyens pour ce qui les détruit alors que la rédemption éternelle est gratuite et ouverte à tous.

Nous n'avons pas de choix, rejoignons la grande équipe des gagneurs d'âmes pour ramener en aussi grand nombre ceux sont encore dans l'ignorance, l'omission et la déficience de venir au Seigneur Jésus pendant qu'il fait encore jour, car la nuit vient très bientôt où personne ne saura fuir pour son propre salut.

Il en était ainsi du temps de Noé, où personne ne crut en son message à part sa petite famille et cela n'arrêta point la colère de Dieu qui se manifesta en ces temps-là par les eaux diluviennes.

Et à la fin des temps, ce sera par le feu. Et cela ne sera pas la première fois que Dieu détruit par le feu, comme il est écrit :

« *Alors l'Éternel fit pleuvoir du ciel sur Sodome et sur Gomorrhe du soufre et du feu, de par l'Éternel.* » Genèse 19:24.

Il y a une réserve de feu dans les greniers de la colère de Dieu et ce jour-là à Sodome et Gomorrhe, du feu et du souffre descendirent du ciel sur les deux villes. Il y avait des petits enfants qui allaient à l'école maternelle sans s'inquiéter de rien et qui furent surpris par cette pluie de feu et de souffre de la colère de Dieu.

Le châtiment par le feu est monstrueux, et démesuré qu'une autre personne ne peut se prétendre jouer au secouriste sauveteur en dehors de Dieu lui-même. Mais le feu était aussi utilisé pour présenter des holocaustes devant Dieu. Israël fut conduit de nuit par le feu de jour et de jour par la nuée.

Dieu apparut à Moïse dans un buisson ardent comme il est écrit :

« *L'ange de l'Éternel lui apparut dans une flamme de feu, au milieu d'un buisson. Moïse regarda; et voici, le buisson était tout en feu, et le buisson ne se consumait point.* » Exode 3:2.

Le feu de l'apparition de l'Ange de l'Eternel ne consumait point le buisson. Nous serons dans la même ville mais la faim, la pauvreté, la maladie et les calamités de consumeraient pas les enfants de Dieu qui représente le buisson de Dieu.

Oui, nous sommes les branches de ce buisson divin qui est le sein de Jésus en lequel rien ne pourra nous nuire. Demeurons dans la bergerie derrière la conduite et la supervision du Bon Berger.

En Egypte, Dieu se servit de la grêle mêlée au feu pour châtier les bourreaux des enfants de Dieu avant de libérer Israël par sa main puissante en suivant la colonne de feu au milieu de la nuit. **Exode 9 :24**.

De fois, le feu de Dieu descendit du ciel pour brûler les holocaustes.

Et ce feu était différent de celui des dieux étrangers. **Lévitiques 9 :24. Lévitiques 10 :1**.

Du temps d'Élie, le Thischbite, Dieu le délivra de la main de ses ennemis par le feu qui descendait du ciel. C'est une arme plus puissante que la foudre dont Dieu s'est servi dans l'Ancien Testament à plusieurs reprises. **2 Rois 1 :7-11**.

Et plus tard, il fut enlevé au ciel dans un tourbillon devant son fils spirituel Elysée par un char de feu et des chevaux de feu. Il partit ainsi dans cette cavalerie de feu sans brûler et disparut pour toujours.

Le même feu brûla les impies d'une part et protégea les serviteurs de Dieu, d'autre part.

Et il en est de même aujourd'hui comme susmentionné, nous ne mourrons pas avant l'accomplissement total de la mission de Dieu, car nous sommes cachés dans le sein de Jésus qui nous protège contre tout vent contraire et toute adversité.

N'ayons pas peur devant Corona Virus car le feu de Dieu nous protège contre sa conquête téméraire et audacieuse !

« *Celui qui sera désigné comme ayant pris de ce qui était dévoué par interdit sera brûlé au feu, lui et tout ce qui lui appartient, pour avoir transgressé l'alliance de l'Éternel et commis une infamie en Israël.* » Josué 7:15.

Il y a eu des moments où les rebelles à l'alliance de Dieu étaient brûlés vifs au feu sur instruction de Dieu lui-même. Non seulement eux-mêmes, mais avec tous ceux de leur maison ainsi que leurs biens, pour avoir transgressé l'alliance de l'Eternel.

Combien de fois dans cette dispensation de la grâce, transgressons-nous contre l'alliance de Dieu dans notre vie de tous les jours ?

Gloire à Dieu pour le sang précieux de « *notre* » Seigneur et Sauveur Jésus versé sur la croix du calvaire pour nous donner gratuitement la rédemption éternelle.

Les compagnons de Daniel résistèrent contre le feu babylonien et il y avait une quatrième personne qui ressemblait au Fils de Dieu avec eux dans la fournaise. Quand nous sommes en son sein, rien ne pourra nous nuire. **Daniel 3 :25**.

A l'église de Thyatire, le Seigneur apparaît à Jean avec les yeux comme des flammes de feu. Et un peu avant, il tenait sept étoiles en sa main droite. La température d'une seule étoile est insupportable ; alors comment expliquer le Seigneur était ce jour-là capable de tenir sept étoiles dans sa main droite ?

En somme, nous allons énumérer quelques types de feux mentionnés dans les Saintes Ecritures :

- Le feu de l'apparition de Dieu. **Exode 3 :2-3**.
- Le feu de l'enfer. **Mathieu 13 :50**.
- Le feu de Christ. **Apocalypse 2 :18**.
- Le feu de l'Esprit. **Actes 2 :3-4**.
- Le feu de la colère de Dieu. **Hébreux 12 :29**.

- Le feu de la Parole de Dieu. **Psaume 29 :7**.
- Le feu des serviteurs de Dieu. **Hébreux 1 :7**.
- Le feu du ciel. **Apocalypse 20 :9**.
- Le feu du jugement. **Esaïe 66 :16**.
- Le feu de la langue. **Jacques 3 :5**.
- Le feu de la bouche de Dieu. **2 Samuel 22 :9**.
- Le feu dans le cœur de l'homme. **Jérémie 20 :9**.

Le feu ne pardonne pas, il emporte tout sur son passage et rien ne lui résiste. Cherchons la paix avec notre Dieu pendant qu'il fait jour de peur de tomber dans le filet de la fournaise ardent car les jours sont mauvais et comptés.

C'est dans le baptême de feu qui nous devenons des flammes de feu pour passer au milieu de la fournaise afin d'annoncer la bonne nouvelle aux autres.

Que Dieu fasse de nous des flammes de feu pour brûler Corona Virus à tout simple contact avec l'un de nous !

Depuis que les disciples reçurent le Saint-Esprit dans la Chambre Haute avec des flammes de feu sur leur tête, jusqu'à ce jour, la Bonne Nouvelle du Royaume a été annoncée et continue à être annoncée comme jamais avant sous la loi.

Oui, la loi était plus utilisée et exploitée par les enfants d'Israël et ce n'est qu'après l'ascension du Seigneur et la venue du Saint-Esprit que le feu de la mission de gagneurs d'âmes brûle et brille en nous et la Bonne Nouvelle va doucement et sûrement jusqu'aux extrémités de la terre.

Cela me fait penser aux paroles de Pierre en ces termes :

« Dans les derniers jours, dit Dieu, je répandrai mon Esprit sur toute chair ; vos fils et vos filles prophétiseront, vos jeunes gens auront des visions, et vos vieillards auront des songes.

Oui, sur mes serviteurs et sur mes servantes, dans ces jours-là, je répandrai de mon Esprit ; et ils prophétiseront.

Je ferai paraître des prodiges en haut dans le ciel et des miracles en bas sur la terre, du sang, du feu et une vapeur de fumée ;

Le soleil se canera en ténèbres, et la lune en sang, avant l'arrivée du jour du Seigneur, de ce jour rand et glorieux.* » Actes 2 :17-20.

Avant ce grand jour du feu, Pierre était un peureux, un poltron et un timoré. Et cette nuit-là, il nia trois le Seigneur Jésus avant que le coq chanta quand il était autour du feu de bois.

Oui, le feu de bois peut réchauffer le corps et celui du Saint-Esprit anime et déride notre esprit.

Et c'est pour cela qu'en ce jour, il se leva rempli du Saint-Esprit et ramena trois mille âmes au Seigneur.

Nous sommes dans la même dispensation que les disciples du Seigneur et nous pouvons même faire plus à l'instar de Paul.

Pas avec du feu dans les cris ou celui des bûches, mais dans la nouvelle naissance pour une nouvelle vie digne de « *notre* » conversion et de « *notre* » communion avec le Seigneur. Nous devons faire mieux que nos pères car nous avons plus de moyens.

Ils voyageaient par bateaux mais nous avons de nos jours des avions.

Les croisades étaient tenues au bord de l'eau mais nous avons des stades capables d'accueillir plus de cent mille personnes assises.

Nous pouvons annoncer cette Bonne Nouvelle du Royaume même à partir de notre bureau dans les réseaux sociaux.

Cette dispensation du feu du Saint-Esprit offre aux filles et garçons d'expérimenter le don de la prophétie et les jeunes adultes à celui des visions et aux vieillards celui des songes. Tout le monde est enrôlé pour la cause du Royaume de Dieu. Et l'ère des miracles et des prodiges avait ainsi remplacé celle de la loi par le feu de l'Esprit.

Nous sommes dorénavant une génération des témoins de bonnes choses que le feu du Saint-Esprit en nous fait voir dans « *notre* » vie de tous les jours.

C'est la dispensation du surnaturel qui fut inaugurée avec le feu de la pentecôte. Et ce feu bouillonne en nos cœurs si bien que les spectateurs n'ont vraiment pas de place parmi les enfants de Dieu.

Même si certains d'entre nous n'ont pas une grande connaissance de la Parole de Dieu, ils ont au moins le témoignage de bonnes choses que Dieu a faites en eux.

Les événements à venir ne pourront pas nous surprendre ou nous désorienter car nous avons le feu du Saint-Esprit en nous.

Corona Virus, tu seras calciné car nous avons le feu du Saint-Esprit en nous et rien ne peut nous nuire !

IV

LE BRISEMENT

L'épreuve de « *notre* » foi est plus précieuse que celle de l'or qui est périssable.

Si l'or passe par le four pour avoir plus de valeur, à combien plus forte raison devrions-nous passer par l'épreuve, la tentation et l'affliction de la foi pour atteindre la stature parfaite de Christ.

C'est au jour du malheur, de la souffrance, de la brimade, du péril et de l'adversité que l'on se rend compte son véritable statut dans le Seigneur.

Les élus ne tomberont pas dans le filet de Corona Virus car Dieu les protège d'une manière spéciale et à cause d'eux cette pandémie n'ira pas plus loin.

 L'or est chauffé au four jusqu'à devenir un liquide que l'on laisse refroidir un peu avant de lui donner une autre forme plus pure et plus valeureuse.

Et nous devons aussi être chauffés au four du Saint-Esprit pour porter son fruit en nous tout le reste de notre vie. Et pour cela, nous sommes conviés à passer par le brisement.

« Je mettrai ce tiers dans le feu, et je le purifierai comme on purifie l'argent, Je l'éprouverai comme on éprouve l'or. Il invoquera mon nom, et je l'exaucerai; je dirai: C'est mon peuple! Et il dira: L'Éternel est mon Dieu! » Zacharie 13:9

La purification des enfants de Dieu est pareille au passage de l'argent dans le four et l'épreuve ou le brisement est similaire à la métallurgie de l'or dans le creuset.

C'est la vie de la sanctification qui nous taille pour apparaître comme de l'or pur devant lui. Il faudra avoir un cœur à supporter la grande chaleur de la nouvelle naissance.

Et souvent ce sont des personnes chargées des péchés qui acceptent cette chaleur de mourir et de ressusciter avec le Seigneur. Alors que les hommes pieux comme Nicodème cherchent une salle de bain moderne pour laver le corps mortel avec les œuvres de la loi au lieu de percer le creuset par la foi en celui qui a tout payé pour nous à la croix de Golgotha.

« Il sait néanmoins quelle voie j'ai suivie; Et, s'il m'éprouvait, je sortirais pur comme l'or. » Job 23:10.

La vie de sanctification est une vie dans le creuset du four qui nous amène jour après jour vers la stature parfaite de Christ.

Enoch marcha avec Dieu dans le creuset du four de la sanctification pendant avant qu'il ne soit enlevé au ciel et ne fit plus vu parmi les hommes.

La marche par la foi c'est une impulsion par le feu dans le cœur alors que les œuvres de la loi sont visibles à nos yeux. C'est un exercice et une manœuvre pour les héros et géants de la foi.

Ils ont été à l'école des surhommes et de dieux.

Un homme comme Noé crut en ce que la pluie tomberait du ciel pour détruire la terre toute entière alors qu'il n'en y avait jamais eu avant. Il est simple de croire en ce qui s'est déjà produit dans la vie des autres, mais pour des choses qui arrivent pour la toute première fois comme Corona Virus, il faut être un véritable enfant de Dieu pour garder son sang-froid alors que le monde entier est alerté !

Abraham, le jour où il quittait sa famille, son pays et son peuple pour aller vers un Dieu que ses ancêtres n'avaient pas connu avant était semblable à une personne débile, dolente et valétudinaire ayant perdu la raison, l'entendement et le discernement.

Mais aujourd'hui, nous lui donnons raison et nous le considérons comme le père de la foi et le grand patriarche du peuple de Dieu.   Il fut appelé à 75 ans pour avoir le fils de la promesse, 25 ans plus tard.

Il a été dans la cuve de la patience et de la fidélité à un Dieu qu'il n'avait jamais connu avant et qu'il suivait comme un aveugle sans autre choix ni option.

Larmes aux yeux, il se sépara un jour de Lot et plus loin, ce fut le jour où Dieu l'instruisit de faire partir Ismaël et sa mère, la servante Agar.

Comme si cela ne suffisait pas, Dieu le mit en l'épreuve en lui demandant de lui offrir en holocauste son fils unique Isaac. Dans toute discrétion il se leva très tôt et se dirigea au lieu de l'autel de la vénération divine.

Et la suite de cette épisode est connue de plusieurs. C'est bien cela qui nous pousse à parler de lui en ce jour comme vivant alors que mort depuis bien longtemps. Et c'est pour cette même raison que les morts dans la foi en Dieu l'ont rejoint en son sein avant la résurrection du Seigneur.

Joseph demeura dans la cuve de feu au four de la solitude et du rejet pendant près de 17 ans avant de devenir gouverneur au pays d'Egypte.

Moïse laissa le couvert en or sur la table de la maison royale pour aller au loin après la menace de la part de son propre peuple qu'il voulait bien délivrer avec sa force physique mais en vain.

40 ans plus tard, il revint avec un bâton en main et fit avec Dieu ce qu'il avait manqué de réaliser avec la force de sa jeunesse.

Le temps nous manque pour parler de Daniel et de ses compagnons dans le pays de Babylone. Le premier fut jeté dans la fosse aux lions alors que ses amis furent catapultés dans la fournaise de feu…

En tout ça, Dieu ne les avait pas abandonnés car ils avaient placé leur confiance en lui…

Les apôtres de la première heure traversèrent l'étang de feu de la grande persécution pour nous apporter ce message de la rédemption tel qu'ils l'avaient reçu de « *notre* » Seigneur et Sauveur Jésus.

Ils ont payés le prix par la lapidation, la mort, les bêtes sauvages et les emprisonnements. Et en tout cela, ils sont restés fidèles à celui de qui ils recevront l'éternelle récompense en ce jour-là que nous attendons tous comme un seul car le ciel et la terre passeront, mais la Parole de Dieu ne passera point.

Nous devons de même endurer et persévérer jusqu'à la fin pour mériter la couronne de gloire de la part de Celui en qui il n'y a ni changement, ni ombre de variation.

Nous sommes sur la meilleure voie, que le fort soutienne le faible et que le riche tienne l'indigent à la main ; que celui qui est libre encourage l'esclave et le prisonnier afin que tous comme un seul homme nous allions vers Celui de qui nous venons et qui nous attend les bras ouverts.

Le feu du Saint-Esprit brûle dans nos cœurs depuis que nous sommes venus à lui par la foi. Il dévore le péché et la convoitise de ce monde pour ramoner des flammes de la nouvelle naissance et de la nouvelle vie pour la manifestation effective des fils de Dieu attendue par l'humanité toute entière.

Ce feu du Saint-Esprit vient en nous pour enlever la peur, le doute, l'hésitation pour ne compter que sur « *notre* » Dieu et « *notre* » Père. Et ce feu du Saint-Esprit, invisible aux yeux des hommes mais présent et effectif dans « *notre* » marche dans la volonté de Dieu, nous devenons plus que vainqueurs.

*« **Et ils se dirent l'un à l'autre : Notre cœur ne brûlait-il pas au-dedans de nous, lorsqu'il nous parlait en chemin et nous expliquait les Ecritures ?** »* Luc 24 :32.

Après la résurrection du Seigneur Jésus, il apparut à deux disciples sur le chemin d'Emmaüs qui ne le reconnurent pas aussitôt et après leur avoir partagé du pain, leurs yeux s'ouvrirent et ils comprirent que c'était Jésus avec qui ils firent route ensemble.

Et tout au long de leur marche, alors qu'il leur expliquait les écritures, il y avait un feu qui brûlait dans leurs cœurs. Ce n'était pas un feu de bûches mais celui du Saint-Esprit de Dieu pour leur enlever l'incrédulité car Jésus devrait mourir conformément aux Saintes Ecritures.

Ils avaient encore le doute sur l'accomplissement et l'achèvement des promesses des prophètes sur la mort et la résurrection du Seigneur Jésus.

Nous avons parmi nous, en cette génération de la haute technologie plusieurs disciples d'Emmaüs qui sentent ce feu du retour imminent du Seigneur Jésus sur les nuées mais qui s'accrochent encore au plaisir de ce monde tout en se trompant qu'il y a encore du temps.

Rachetons le temps car les jours sont mauvais. Que ce feu du Saint-Esprit brûle en nous toute racine du doute et d'hésitation afin que nous atteignions la stature parfaite de Christ.

La promesse de la venue du Seigneur sur les nuées est « *notre* » caution commune et nous devrions nous en approprier totalement avant qu'il ne soit trop tard. Et chaque fois que nous partageons la Parole de Dieu sur l'enlèvement, la grande tribulation, le millénium, la résurrection de tous les morts d'antan et le jugement dernier ainsi que la seconde mort dans l'étang du feu, quelque chose de particulier se produit.

Il y a un brasier spirituel en combustion en nous et en tous ceux qui nous lisent et qui nous entendent dont la mission serait de brûler pour confondre toute racine d'ignorance et d'incrédulité afin que tous soient sauvés et que l'œuvre de la croix ne soit pas vaine.

Le véritable brisement se fait par la puissance du feu qui est la Parole de Dieu constituant l'instrument central par lequel tout a été créé. Elle est la source de toute vie dans les cieux et sur la terre. Elle demeure le dernier recours de tous ceux qui veulent et cherchent à prendre part à la rédemption éternelle. Elle est « *notre* » boussole et « *notre* » girouette. Elle est « *notre* » thermomètre, « *notre* » thermostat et « *notre* » tableau de bord.

Le brisement consiste à faire une rupture de « *notre* » manière à considérer la vie selon « *notre* » style personnel, celui de la famille, de la société, de la nation ou du monde dans laquelle nous sommes intégrés pour suivre la direction divine du Saint-Esprit.

Jacob fut frappé à la hanche pour l'amener à ne plus fuir loin de son frère Esaü et solliciter ainsi la réconciliation.

Le feu du Saint-Esprit est un brisement qui nous fait passer de la vie selon la loi et la tradition vers une dépendance au Seigneur par la foi et l'obéissance ainsi que la fidélité en la Parole de Dieu.

De même que le peuple d'Israël allait au désert au rythme de la nuée et de la colonne de feu, ainsi nous devrions suivre le Saint-Esprit qui est « *notre* » guide en ces temps de la fin.

Le brisement sera effectif dans « *notre* » vie quand nous allons arrêter de compter sur l'argent et sur l'or pour résoudre certains problèmes. Il sera indiscutable, solide, patent et factuel quand nous rejoindrons tous Pierre devant le temple pour dire à ceux qui sont en difficulté que :

« *Je n'ai ni argent, ni or ; mais ce que j'ai, je te le donne…* » Actes 3 :6.

Le brisement, c'est aussi remettre l'épée des hommes dans son étui pour détruire les œuvres par la démonstration de la puissance de Dieu par la foi en son Fils Unique.

Le brisement c'est suivre le Seigneur Jésus comme Pierre et Paul et non le précéder comme Judas Iscariote ou chercher à se mettre à sa gauche et à sa droite à l'instar de Jean et Jacques sur demande de leur mère.

C'est devenir comme ce petit enfant qui donna cinq morceaux de pain et deux poissons au Seigneur et qui continue à s'amuser dans l'herbe verte sans pleurer afin que tous aient à manger.

C'est donner son temps, sa force, ses potentialités et même sa vie pour les autres pour l'honneur et la gloire de la cause du Royaume des cieux.

C'est pleurer avec ceux qui pleurent et se réjouir avec ceux qui se réjouissent. Le lieu de deuil deviendra préférable à celui de la fête et de la distraction.

Le pardon et la réconciliation remplaceront la haine, la division et la ségrégation. Plus loin, c'est annoncer la Bonne Nouvelle du Royaume de Dieu aux autres et les soutenir dans l'intercession comme Abraham le fit pour Lot.

Le brisement, c'est chercher et défendre l'intérêt des autres et non le sien. C'est devenir le sel et la lumière du monde afin d'assaisonner le menu sur la table dans les cœurs des autres et d'apporter la vraie lumière qui n'a pas de source pour chasser les ténèbres de la science et des pratiques étrangères à la Parole de Dieu qui ne passera point.

V

'NOTRE' DESTINEE

Nous venons de Dieu et nous y retourneront un jour car c'est lui qui a le premier et le dernier mot sur le monde invisible et visible. Le ciel est « *notre* » passé et aussi « *notre* » futur. Nous sommes en transit sur la terre dans cette caisse charnelle juste pour un temps avant de rejoindre les lieux éternels desquels nous avons été tirés pour demeurer en sa sainte et divine présente pour toujours.

Nous ne devrions pas confondre la loi de la destinée à la robotisation et au fatalisme car l'homme a été créé avec un libre arbitre. Il a le libre choix de suivre la volonté de Dieu ou le mensonge du diable et de ses acolytes.

« Car je connais les projets que j'ai formés sur vous, dit l'Eternel, projets de paix et non de malheur, afin de vous donner un avenir et de l'espérance. » Jérémie 29 :11.

Vu que Dieu connaît les projets qu'il a formés pour nous, « *notre* » part et de lui faire confiance. Ce sont des projets de paix pour nous donner un avenir et de l'espérance. Il ne nous a pas créés à son image et à sa ressemblance pour « *notre* » destruction et pour « *notre* » ruine éternelle.

En face d'une pandémie de l'ordre de Corona Virus, nous devrions nous arrêter un moment pour voir ce qi ne va pas.

Dieu de peut pas laisser pareille pandémie secouer toute la terre sans raison fondée y relative.

Que chacun de nous rentre dans son cœur pour voir en quoi il a traversé la ligne de la frontière.

Et le bon choix, c'est celui de la repentance et de la réconciliation avec « *notre* » Dieu.

C'est notre liberté à choisir qui interfère comme il est écrit :

« Mais si tu n'obéis point à la voix de l'Eternel, ton Dieu, si tu n'observes pas et ne mets en pratique tous ses commandements et toutes ses lois que je te prescris aujourd'hui, voici toutes les malédictions qui viendront sur toi et qui seront ton partage : »* Deutéronome 28 :15.

L'homme est responsable de son choix car il n'a pas été créé comme un robot un jouet, une machine ou un ordinateur. Il n'a pas été programmé par Dieu. Au contraire, il le reflet et l'homologie de Dieu.

« Notre » Dieu révère notre liberté dans le choix tout en nous prévenant sur les conséquences y afférentes.

Même *« notre »* Seigneur recommanda aux apôtres de ne pas forcer les autres à accepter l'évangile du Royaume des cieux en secouant la poussière des sandales avant de se retirer sans instance. Et au bout du déferlement, le jugement de Dieu les attendra et il sera trop tard.

Notre Dieu nous présente la voie du salut dans la paix tout en nous laissant aux hommes le libre choix, mais tout en nous prévenant sur ce qui se passera sur les récalcitrants, au jugement dernier.

Déjà dans le Jardin d'Eden, le commandement donné à Adam était clair et net qu'il ne fallait pas manger du fruit de l'arbre de la connaissance du bien et du mal. Le bon choix était lié au comportement d'Adam et Eve et non plus à Dieu. Et c'est cela qui fait la différence entre les hommes et les anges.

La notion de la rédemption dans tout l'univers a été donnée seulement aux hommes qui sont l'image et la ressemblance de Dieu, alors que les anges sont des serviteurs de Dieu qui viennent de temps en temps soutenir la mission et la vie des hommes.

Les anges perdent leur place juste après avoir péché une seule fois.

Même Satan, leur chef avait transgressé la loi de Dieu une seule fois et il fut depuis ce temps ancien chassé des cieux et perdit sa place d'ange de lumière pour du bon.

Les hommes ont un statut particulier dans leur relation avec Dieu. Alors que les anges ne peuvent pas offenser Dieu plus d'une fois, les hommes ont la faveur et l'avantage de sortir et de rentrer dans la présence divine plus d'une fois par l'œuvre salvatrice et rédemptrice de Jésus sur le bois du calvaire.

« Venez et plaidons ! dit l'Eternel. Si vos péchés sont comme le cramoisi, ils deviendront blancs comme la neige ; s'ils sont rouges comme la pourpre, ils deviendront comme la laine. » Esaïe 1 :66.

Dieu dans son amour infini nous invite à la table du repentir quelles que soient la grandeur et la couleur de nos péchés alors qu'il éjecte les anges des cieux et de son royaume en les gardant pour le feu de la géhenne pour toujours.

David avait compris la profondeur de l'amour de Dieu pour l'homme qu'il s'exclama en ces termes :

« Qu'est-ce que l'homme, pour que tu te souviennes de lui ? Et le fils de l'homme pour que tu prennes garde à lui ?

Tu l'as fait de peu inférieur à Dieu, et tu l'as couronné de gloire et de magnificence.

Tu lui as donné la domination sur les œuvres de tes mains, tu as tout mis sous ses pieds. » Psaumes 8 :4-5.

Autrement dit, David, s'il était Dieu ne pouvait pas donner à l'homme la place qu'il occupe en face de son Créateur et toute la domination en sa faveur. Il trouva la chose incompréhensible et insaisissable à sa manière de considérer la vie.

Et le diable qui a perdu sa place avec ses démons ne pourront jamais laisser l'homme tranquille dans toute cette faveur reçue sans rien payer de la part de Dieu. Car celui qui a fait tout le travail, c'est le Seigneur Jésus.

Et il le fit sans même nous avoir demandé notre avis. Il l'a couronné de gloire, de magnificence et de domination sur l'œuvre de sa création.

La gloire de l'homme est un éclat, une célébrité et une notoriété que Dieu lui donne par la foi en Jésus. Elle est gratuite, gracieuse et injustifiée. Et c'est bien cela qui ramone davantage la haine et la colère du diable.

La magnificence accordée à l'homme de la part de Dieu est une somptuosité qui repose sur les richesses confondant ainsi le calcul du système de ce monde. En elle, il y a le volet du surnaturel qui découle de la foi en Jésus-Christ.

« *Notre* » destinée n'est pas une fatalité, mais un futur divin dans lequel nous nous enrôlons par la foi en Jésus pour le suivre le reste de « *notre* » vie, car la récompense qui nous y attend n'est comparable à tout ce que nous aurions gagné à la sueur de « *notre* » front !

La couronne de gloire réservée pour nous est merveilleuse et éternelle pour avoir seulement accepté Jésus comme « *notre* » Seigneur et Sauveur. Pareille promesse peut facilement être assimilée à une fatalité par le selon la science de ce monde.

Cela me fait penser à l'élimination biologique d'Etienne aux coups de pierres par les amis de Saül. Il y avait ce jour-là deux tableaux distincts :

- Celui de ceux qui le lapidaient croyant servir Dieu et
- Celui de la vision qu'il eut en ce moment précis voyant les cieux ouverts pour l'accueillir.

Si la destinée des enfants de Dieu se limitait au plaisir de ce monde, ils iraient tout droit à la banque pour demander suffisamment d'argent et résoudre leurs multiples problèmes.

Contrairement au comportement d'un futur bébé dans le sein de sa mère, notre allure dans ce monde peut affecter et influencer d'une manière ou d'une toute notre éternité.

Une simple désobéissance d'un seul jour peut nous faire perdre toute la perpétuité dans la perdition et dans la ruine sans fin.

Des hommes ayant vécu dans l'abondance et dans la satiété pleureront au dernier jour comme le riche indifférent de la présence à sa porte du pauvre Lazare pendant son séjour vital et qui se retrouva dans une situation misérable et miteuse.

Il mentionna sa bonne intention pour les membres de sa famille encore vivants mais c'était trop tard. Le point de non-retour était déjà dépassé et sa bonne pensée de prévenir les siens n'avait plus de place dans le retour dans le temps. C'est aujourd'hui que nous devrions nous accrocher à cette Bonne Nouvelle du Royaume de Dieu pour éviter d'être en ce jour-là dans la confusion et l'incohérence pérennes.

La sagesse de ce monde est une folie devant celle de Dieu car les voies de « *notre* » Père ne sont pas celles des hommes.

Nous venons en effet nus et mains vides en ce système des choses et nous en repartiront au bout du rouleau, sans rien emporter. Et tous les nôtres ne sauront pas nous accompagner.

Personne ne saura transformer « *notre* » situation et toutes nos relations vont se fondre en un clin d'œil sur nous-mêmes pour une responsabilité et une implication tout à fait personnelle.

Le corps que nous avons suivi dans ses passions retournera à la terre d'où il fut tiré et l'homme intérieur continuera sa course en soldat solitaire et solidaire à la rencontre de Celui est nous a donné le souffle de vie.

Seule « *notre* » foi se joindra à nous pour nous escorter devant Celui de qui tout ce qui est visible et invisible est sorti.

Nos études et « *notre* » expérience de la vie ne pourront nous défendre dans l'au-delà.

Les beaux projets resteront dans les tiroirs des bureaux et « *notre* » intelligence acquise ira pourrir dans les cimetières aux tombeaux blanchis sous la surveillance d'une sentinelle qui attend aussi son tour.

Le respect des morts est une loi de consolation passagère qu'il faudra revoir si et seulement si nous avons de l'égard pour les nôtres.

La véritable considération pour les autres doit se manifester pendant leur séjour vital parmi nous. C'est bien en ce moment crucial que nous devrions leur parler de la destinée des hommes non seulement selon le cheval mais aussi suivant le cavalier.

Dans la communion entre le cavalier et le cheval, le premier est comme l'architecte et le second représente le maçon. Ce dernier doit suivre le plan du premier. Et par rabattement, il est une part importante de l'homme de suivre la voie tracée par le Créateur et non l'inverse.

Le plan de la destinée est un privilège immérité accordé à l'homme par Dieu, comme le roi David nous l'a révélé ci-haut. Le voile de la servitude a été déchiré et l'entrée dans le Saint des saints n'est plus à la charge de Dieu mais à la nôtre.

Nous sommes à la croisée des chemins et la plaque indicative nous montre deux destinations distinctes :

- La vie éternelle et
- La ruine éternelle.

Le bon choix est celui de prendre la noble décision de suivre le Seigneur Jésus qui est le Chemin, la Vérité et la Vie pour tous les hommes après avoir lamentablement failli dans le Jardin d'Eden.

De même qu'il y a un seul trou sur l'aiguille pour accueillir le fil afin de raccommoder le tissu endommagé, ainsi en est-il du Nom de Jésus pour rentrer dans la parfaite cohabitation avec « *notre* » Dieu dans ce système des choses et la vie éternelle dans celui à venir.

Après la mort, ce sera trop tard car la traversée est à sens unique. Par contre, pour ceux qui sont dans le Seigneur, ce sera la suite d'une vie merveilleuse et inouïe au-delà du sacrifice et du dévouement endurés dans ce système des choses.

Le train roule sur les rails et l'avion vole dans les airs. L'homme doit marcher dans la Parole de Dieu. Ce n'est pas le train qui détermine sa destination, mais c'est son conducteur qui garde le bâton de commandement y afférent. L'avion est aux brides et à la commande du pilote et enfin l'homme doit fixer son regard sur Dieu qui connaît sa destinée mieux que n'importe qui.

Nous sommes l'image et la ressemblance de Dieu et non des bêtes sauvages vivant en dehors de bergerie du Seigneur. Et « *notre* » destinée est entre les mains de « *notre* » Père céleste.

« *Notre* » filiation converge par la foi en Jésus en l'adoption commune par « *notre* » Dieu et Créateur.

Et nous devrions réveiller tous ceux qui dorment encore les yeux ouverts dans « *notre* » famille, « *notre* » société, « *notre* » nation et « *notre* » génération. Si et seulement ces personnes que nous portons dans « *notre* » cœur nous sont réellement intimes et précieuses, nous devrions en fin de compte intercéder pour elles afin que l'on puisse continuer ensemble ce que nous avions commencé à peine dans ce système des choses pour que « ***notre*** » joie soit parfaite.

Nous avons une seule et unique destinée que nous ne pouvons garantir qu'en Jésus. Le témoignage qui nous y conduit est celui de la Bonne Nouvelle du Royaume des cieux. Et tant que nous aurons de la force, annonçons aux autres cette Bonne Nouvelle afin qu'un plus grand nombre soit sauvé et gagné au Seigneur.

CONCLUSION

« *Notre* » destinée c'est la vie éternelle auprès de Dieu et non l'étang de feu qui fut préparé pour les anges rebelles pour leur ruine éternelle. La vie humaine est sacrée car elle est le reflet et l'homologie de Dieu, « *notre* » Père.

Ce que nous avons commencé avec lui dans les cieux, devra continuer éternellement dans sa demeure. Nous ne sommes pas de ce monde, nous sommes des citoyens du ciel en transit sur cette terre.

Du ciel nous avons reçu la mission d'additionner, multiplier et dominer. Sur cette terre, c'est le temps de l'épreuve et de la persévérance par la foi en Jésus, comme un train qui traverse un long tunnel, non pas pour y rester mais alors pour aller selon la direction du conducteur jusqu'à la destination finale.

De fois il y a un passage à niveau sur sa trajectoire. Et le bon conducteur du train, s'arrête pendant un moment, avant de poursuivre le chemin de fer jusqu'à la destination ultime qu'il connaît mieux que quiconque.

Du temps d'Adam et Eve, le domaine de définition était le Jardin d'Eden avec une seule consigne, celle de ne pas manger du fruit de l'arbre de la connaissance du bien et du mal.

Du temps de Noé, la solution salutaire était celle d'entrer dans l'arche avant la pluie diluvienne qui devait tomber sur toute la terre pour punir les impies et les rebelles.

A la dixième plaie, la voie pompeuse était l'application du sang de l'agneau pour être épargné de l'épée de l'ange de la mort.

De nos jours, pendant que nous attendons l'enlèvement de l'église, l'accès nécessaire et suffisant est la foi en Jésus.

Avant qu'il ne soit trop tard, réveillons ceux qui dorment encore dans nos familles, dans la société et même le monde entier par la proclamation de la Bonne Nouvelle du Royaume de Dieu afin que tous, nous allions à la rencontre de « *notre* » Seigneur sur les nuées très bientôt.

Ce n'est plus une promesse pour Israël seulement, mais « *notre* » promesse en aussi grand nombre que nous pourrions répondre favorablement à cette adresse, et ensemble nous irons à la rencontre du Seigneur dans les airs.

Gardons bien la foi et soyons persévérants jusqu'à la fin. Si nous mourrons avant l'enlèvement, nous irons dans le paradis et si l'enlèvement nous trouve en vie, nous irons à sa rencontre et la mort n'aura plus de pouvoir sur nous.

Nous avons une seule famille, « *notre* » famille ; une seule origine, « *notre* » origine ; et une même destinée, « *notre* » destinée.

Consolons-nous avec ses paroles.

Que Dieu nous bénisse tous !

L'Auteur

L'AUTEUR

Je m'appelle Sylvanus Mulowayi Wa Kayumba et les autres préfèrent m'appeler la Fourmi du Seigneur.

Traducteur Assermenté, Polyglotte, Aumônier et Prédicateur de la Parole de Dieu depuis 1987.

Je n'aime pas parler de ma modeste personne mais ma plume a fait de moi un ami de ceux qui veulent bien continuer à apprendre sur les murs de la vie.

La vie sociale, l'imaginaire et le divin ont vidé tour à tour l'encre de ma plume. Cependant le respect des autres m'oblige à lire les autres et à me faire lire.

Un mot peut devenir une encyclopédie. C'est juste une question de temps.

Me laisser découvrir par les autres au travers de ma trotte littéraire est la meilleure chose que j'aimerais partager avec chacun des lecteurs avisés.

Cette randonnée qui commence pour nous en ce jour pourra devenir un carrefour de partage, de fission et de distribution dans ce monde de la vitesse et de la haute technologie.

Chaque fois que l'on prendra un fruit, ayons une pensée pieuse envers le jardinier y afférent.

L'Auteur

Sylvanus Mulowayi Wa Kayumba

Email : dasylvahmolvak@gmail.com

You Tube : Dasylvah Only Jesus

TABLE DES MATIERES

9 789997 534294